AF263411

RÉGLEMENT

DE LA SOCIÉTÉ

DES AMIS DE LA CONSTITUTION,

ÉTABLIE A ANGERS.

A ANGERS,

DE L'IMPRIMERIE DE PAVIE.

1791.

RÉGLEMENT

DE LA SOCIÉTÉ

DES AMIS DE LA CONSTITUTION,

ÉTABLIE A ANGERS.

Constance et fermeté dans les Principes, fidélité à la Constitution de l'Empire, courage infatigable à la défendre, respect et soumission aux Loix et aux Pouvoirs qu'elle aura établis, dévouement à la Patrie : telles sont les Loix imposées à ceux qui veulent être admis dans la Société des Amis de la Constitution.

Les Réglemens de la Police intérieure de cette Société, doivent être aussi simples que ses institutions sont pures.

CHAPITRE PREMIER.

Des formalités requises pour la présentation et l'admission des Candidats.

ARTICLE PREMIER.

LES personnes qui désireront être admises dans la Société, devront être proposées par un Membre, et appuyées par quatre. Leurs noms resteront inscrits pendant trois Séances, y comprises celle de la présentation et celle de l'admission, sur un tableau destiné à cet usage, avec les noms des Membres qui les présenteront et de ceux qui les appuyeront, lesquels seront tenus de mettre leurs signatures sur ledit tableau.

ART. II.

On procédera à l'admission d'un sujet par la voie du scrutin, et nul ne pourra être admis, s'il n'a obtenu les trois quarts des suffrages.

ART. III.

On ne procédera à la formation du scrutin pour l'admission des sujets, qu'au commencement des Séances, et immédiatement après la lecture du Procès-verbal.

Art. IV.

On votera par *oui* ou par *non*; chaque votant présentera lui-même son bulletin et le déposera dans l'urne. L'urne sera scellée et remise auDirectoire, qui fera le dépouillement des bulletins. Les Scrutateurs seront obligés au secret le plus absolu, même vis-à-vis des autre Associés. Les bulletins seront ensuite brûlés, sans pouvoir être vus de personne.

Art. V.

On ne fera point mention dans le Procès-verbal du nombre de voix qu'obtiendront les Candidats, non plus que du nom de celui qui n'auroit point été admis.

Art. VI.

Nul n'assistera aux Séances en qualité de Membre, avant d'avoir subi les épreuves prescrites.

Art. VII.

Tout Récipiendaire sera tenu, le jour de sa réception, de prêter le Serment Civi-

que, et de promettre de dénoncer avec courage les abus et ceux qui s'en rendront cou-
pables.

A r t. V I I I.

Celui qui aura présenté un Candidat, sera
obligé de l'avertir, le jour de sa réception,
de remettre à M. le Trésorier la contribution à laquelle tous les Membres sont
assujettis.

A r t. I X.

La Société admettra, comme Associés
étrangers, les personnes habitantes hors
de la Ville, en observant les formalités et
les conditions qui sont prescrites pour les
Membres résidens. Ne pourront néanmoins
être admis ceux qui, demeurant dans une
Ville où pareille Société seroit établie, ne
justifieroient pas qu'ils en sont Membres.

A r t. X.

Lorsque les Electeurs du Département
ou autres Députés, ayant mission tendante
à l'utilité publique, se trouveront à Angers, ils pourront prendre place à côté des
Membres de la Société, pourvu toutefois
qu'ils soient présentés par un de ses Mem-

bres, sans que cette admission puisse tirer à conséquence, ni les faire regarder comme Membres.

CHAPITRE II.

Des Officiers de la Société.

ARTICLE PREMIER.

Les Officiers de la Société seront, un Président, quatre Secrétaires et un Trésorier. Il sera nommé en outre, lorsque les circonstances l'exigeront, des Commissaires, soit pour la préparation des divers travaux dont la Société voudra s'occuper, soit pour la correspondance.

ART. II.

Le Président sera élu et renouvelé le premier Dimanche de chaque mois, par la voie du scrutin, et à la majorité absolue des suffrages. Il ne pourra être continué, mais il pourra être élu de nouveau après un mois d'intervalle.

ART. III.

Les deux plus anciens Secrétaires seront

également changés tous les mois, et à la même époque, par la voie du scrutin, mais à la majorité relative des suffrages. Le Trésorier sera amovible à volonté.

Art. IV.

Le Président sera, en cas d'absence, remplacé par son prédécesseur ; et, s'il ne se trouvoit pas dans l'Assemblée un seul Membre qui eût été Président, il sera remplacé par le plus ancien d'âge.

Art. V.

Les fonctions du Président seront de maintenir l'ordre dans l'Assemblée, d'y faire observer les réglemens, d'y accorder la parole, de poser les questions, de résumer les opinions, de prononcer les Arrêtés de la Société, et de porter la parole au nom de ladite Société.

Art. VI.

Les Secrétaires répartiront entr'eux le travail de notes, la rédaction des procès-verbaux et des délibérations, l'expédition des extraits et autres actes, et généralement tout ce qui est du ressort du Secrétariat, de maniere que le service ne soit aucunement retardé.

Art.

A r t. V I I.

Les Secrétaires, outre les fonctions de
leurs emplois, tiendront une liste des Membres de la Société, des Associés étrangers
et des Sociétés affiliées, dont plusieurs
copies seront affichées dans la Salle des
Séances, et une autre restera sur le bureau;
ils tiendront un tableau des personnes présentées dans la forme indiquée à l'Art. I.;
ils seront chargés de tous les papiers de la
Société, et des soins relatifs à l'impression
des ouvrages qu'elle aura résolu de faire
imprimer.

A r t. V I I I.

Le Trésorier recevra la contribution de
chaque Membre; il pourvoira aux dépenses
de la Société; il payera ces mêmes dépenses,
sur un mandat du Président et de l'un des
Secrétaires, à concurrence des fonds qu'il
aura reçus, sans être obligé de faire des
avances, et rendra compte à volonté; il
sera chargé, en outre, de tous les soins
économiques, tels que le logement, le feu,
la lumiere, etc.; et s'il ne peut y suffire, il lui
sera nommé un Adjoint.

B

CHAPITRE III.

De l'ordre des Séances et de la parole.

ARTICLE PREMIER.

LA Société s'assemblera tous les Jeudis et tous les Dimanches, indépendamment des jours de Fêtes. Les Séances commenceront à quatre heures précises, et finiront à huit. Il sera indiqué au besoin des Séances extraordinaires.

ART. II.

La Séance commencera toujours par la lecture du Procès-verbal de la derniere Séance.

ART. III.

La Séance ouverte, chacun restera assis.

ART. IV.

Le silence sera constamment observé.

ART. V.

La sonnette sera le signe du silence; et

celui qui continueroit de parler, malgré ce signe, sera repris par le Président, au nom de l'Assemblée

A r t. V I.

Le Public sera invité au silence par l'Huis-sier de la Société.

A r t. V I I.

Tout Membre pourra réclamer le silence et l'ordre, mais en s'adressant au Président.

A r t. V I I I.

Aucun Membre ne pourra parler, qu'après avoir demandé la parole au Président; et quand il l'aura obtenue, il ne pourra parler que debout, à sa place ou à la Tribune, en s'adressant à l'Assemblée.

A r t. I X.

La liste de la parole sera tenue par le Président, et on la suivra exactement.

A r t. X.

Si plusieurs Membres se levent en même temps, le Président donnera la parole à celui qui l'aura demandée le premier; et s'il s'éleve quelque contestation sur sa décision, l'Assemblée prononcera.

A R T. X I.

Aucun Membre ne doit être interrompu pendant qu'il discute.

A R T. X I I.

Si un Membre manque de respect à la Société, ou s'il se livre à des personnalités , le Président le rappellera à l'ordre.

A R T. X I I I.

S'il étoit possible qu'un Membre oubliât le respect qu'il doit à la Nation, à la Loi et au Roi, ou qu'il proposât une démarche contraire aux Décrets de l'Assemblée Nationale, il seroit rappelé à l'ordre.

A R T. X I V.

Nul ne pourra sortir de l'Assemblée pendant le cours d'une discussion.

A R T. X V.

Quand l'Assemblée recevra une députation, quelle qu'elle soit, le Président, ainsi que tous les autres Membres, resteront assis.

A R T. X V I.

Les Députés à qui l'Assemblée accordera

les honneurs de la Séance, auront une place distincte et qui leur sera exclusivement affectée.

Art. XVII.

Le Président aura le droit de lever la Séance, lorsqu'il le jugera nécessaire.

CHAPITRE IV.

Du Directoire.

Article premier.

Il y aura un Directoire composé de douze à dix-huit Membres choisis par la voie du scrutin, lequel sera renouvelé tous les trois mois.

Art. II.

Le Président et le Secrétaire du Directoire seront élus par le Directoire même; le premier à la majorité absolue, et le second à la majorité relative des suffrages.

Art. III.

Le Président et les Secrétaires de la Société ne pourront être, en même temps, Président et Secrétaire du Directoire; mais ils seront Membres nés du Directoire.

(14)

A r t. I V.

Le Directoire s'assemblera tous les mardis
à quatre heures, chez son Président, ou en
tout autre lieu convenu par le Directoire,
et recevra toutes les pieces destinées à être
présentées à la Société, tant de la part des
Membres, que de celle de tout autreCitoyen.

A r t. V.

Les lettres et mémoires des Sociétés Pa-
triotiques du Royaume, qui seront adressés
au Président de la Société, seront remis par
lui au Directoire, afin que le Directoire
puisse en faire part à l'Assemblée.

A r t. V I.

Le Secrétaire du Directoire sera obligé
de faire une courte analyse des lettres et
mémoires qui seront adressés à la Société.

A r t. V I I.

Les mémoires des Membres de la Société
ou de tout autre Citoyen, avant d'être lus
publiquement, seront remis au Directoire,
qui en fera son rapport à l'Assemblée de la
Société, par l'organe de son Président.

A r t. V I I I.

Les Citoyens qui auront des pétitions à
faire, et qui ne les auroient pas portées
au Directoire, seront admis dans la Salle
des Séances.

CHAPITRE V.

Des Motions.

A r t i c l e. p r e m i e r.

On discutera dans la Société, tout ce
qui peut intéresser la Liberté, l'Humanité,
la Constitution de l'Empire, et généralement tout ce qui a trait à l'ordre public, sui-
vant l'esprit et les principes de la raison
et de la justice.

A r t. I I.

Les motions seront mises à l'ordre du jour
par le Directoire.

A r t. I I I.

Tout Membre de la Société aura la fa-
culté de faire une motion quelconque, quoi-
qu'elle n'ait point été proposée au Direc-

toire ; pourvu qu'elle n'interrompe point l'ordre du jour , ou que l'Assemblée lui ait accordé la priorité.

A r t. I V.

Toute motion , si elle est appuyée par deux Membres , sera mise aux voix.

A r t. V.

Dans ce cas , le Membre qui aura fait la motion , sera tenu de la développer , et le Président consultera l'Assemblée , pour savoir si elle sera mise à l'ordre du jour , ou ajournée.

A r t. V I.

Toute motion , mise à l'ordre du jour , sera ou ajournée , ou adoptée , ou rejetée , sans qu'elle puisse être écartée par la question préalable.

A r t. V I I.

L'ajournement ne pourra être mis aux voix , qu'après qu'un Opinant au moins aura été entendu pour , et un contre , s'il y en a.

A r t. V I I I.

Aucun Membre , sans en excepter l'Auteur

teur même de la motion, ne pourra prendre la parole une seconde fois, qu'après que tous ceux qui l'auront demandée auront parlé.

Art. IX.

Pendant qu'on discutera une motion, il n'en sera proposé aucune autre, si ce n'est pour un amendement, ou pour demander un ajournement, ou le renvoi au rapport des Commissaires, ou pour un objet d'ordre.

Art. X.

On ne pourra fermer la discussion sur une motion, avant qu'un Membre ait été entendu pour, et un contre, s'il y en a.

Art. XI.

Les amendemens devront être appuyés par deux Membres, ainsi que les sous-amendemens.

Art. XII.

Le sous-amendement sera mis aux voix avant l'amendement, et l'amendement avant la motion.

Art. XIII.

La question sera divisée toutes les fois que deux Membres le demanderont.

Art XIV.

Le Président n'aura pas le droit de parler sur un débat, si ce n'est pour expliquer le mode ou l'ordre de procéder dans les affaires mises en délibération, ou pour ramener à la question ceux qui s'en écarteroient.

Art XV.

Quand l'Assemblée jugera qu'une motion aura été suffisamment discutée, le Président ira aux voix, et alors nul Membre n'aura le droit de parler, si ce n'est pour dire que la question lui paroît mal posée.

Art XVI.

Toute motion sera décidée à la majorité des suffrages.

Art XVII.

Les voix seront recueillies par *levé* et par *assis* ; et en cas de doute, sur la demande de six Membres, on fera l'appel nominal.

Art. XVIII.

Nulle motion importante ne pourra être décidée dans la Séance même, si ce n'est pour chose urgente, et lorsqu'il en aura été expressément décidé par l'Assemblée.

A r t.   X I X.

Tout motion proposée par écrit, sera transcrite sommairement par l'un des Secrétaires, sur un Registre exprès, et il sera libre à chaque Membre de consulter ledit Registre.

A r t.   X X.

Il ne sera fait aucune mention dans le Procès-verbal, des discussions auxquelles aura donné lieu une question ajournée, comme devant être discutée de nouveau.

A r t.   X X I.

Arrêté que le présent Réglement sera imprimé et distribué aux Membres de la Société, pour son exacte observation.

A Angers, le 7 Mars 1791, l'an IIe. de la Liberté.

DELAUNAY, *Président.*

BENABEN, *Secrétaire.*

www.ingramcontent.com/pod-product-compliance
Lightning Source LLC
Chambersburg PA
CBHW061851060726
47597CB00008B/3654